NOUVELLE MÉTHODE

PRÉPARATOIRE

DE CHANT

Écrite au point de vue de ses rapports avec la physiologie. Traitant : 1° De la Respiration ; 2° De l'art d'apprendre à développer la voix et à en augmenter considérablement le volume ; 3° Des moyens d'acquérir la qualité la plus rare et la plus précieuse du chant.

PAR

N. R. BESANÇON VAN OYEN.

Ouvrage qui avait obtenu l'approbation de M. le professeur DE BLAINVILLE, *membre de l'institut de France.*

Prix : 2 francs.

PARIS.
MADAME CENDRIER, ÉDITEUR,
Rue du Faubourg Poissonnière, 11,
MAGASIN DE MUSIQUE DU CONSERVATOIRE.

Montmartre, Imp. Pillay.

V

NOUVELLE MÉTHODE

PRÉPARATOIRE

DE CHANT

Écrite au point de vue de ses rapports avec la physiologie. — Traitant : 1° De la Respiration; 2° De l'art d'apprendre à développer la voix et à en augmenter considérablement le volume; 3° Des moyens d'acquérir la qualité la plus rare et la plus précieuse du chant.

PAR

N. R. BESANÇON VAN OYEN.

Ouvrage qui avait obtenu l'approbation de M. le professeur DE BLAINVILLE, *membre de l'institut de France.*

Prix : 2 francs.

PARIS.
MADAME CENDRIER, ÉDITEUR,
Rue du Faubourg Poissonnière, 11.
MAGASIN DE MUSIQUE DU CONSERVATOIRE.
1851

Imprimerie PILLOY frères et Cie, boulevard Pigalé, 50.

APPROBATION.

Ce travail de M. Besançon avait été soumis à l'appréciation de M. le professeur de Blainville. Ce célèbre naturaliste en avait jugé favorablement les conclusions, qu'il trouvait conformes aux principes de l'hygiène et de la plus saine physiologie. Il se proposait de formuler lui-même l'approbation qu'il donnait aux méthodes que M, Besançon préconise, lorsque la mort l'a surpris au milieu de ses travaux.

Je crois donc remplir une de ses intentions formelles en rendant à M. Besançon ce témoignage public de l'estime que M. de Blainville avait pour un travail consciencieux et entrepris dans le but le plus honorable. En effet, les principes qu'on y invoque sont irrécusables, les observations sont exactes, les conclusions qu'on en tire rationnelles; enfin les méthodes qu'on y propose, sont toutes habilement calculées et ramenées à un petit nombre de règles d'une admirable simplicité. Il est à désirer que l'utilité de ce travail soit reconnue de tous, cette gymnastique de la voix ayant à coup sûr une haute importance, non moins au point de vue de l'art du chant, que dans l'intérêt de l'humanité.

Paris, le 18 mai 1850.

Signé : Dr PIERRE GRATIOLET, suppléant de M. de Blainville au Muséum d'histoire naturelle de Paris.

CHAPITRE PREMIER.

INTRODUCTION ET SOMMAIRE.

Parmi les nombreuses méthodes de chant publiées jusqu'à ce jour, et qui, toutes, ont sans doute leur mémérite relatif, il n'en est aucune, je crois, qui traite de l'art du chant au point de vue de ses rapports avec la physiologie.

C'était une lacune importante que l'on devait s'efforcer de combler, et c'est ce que j'ai tâché de faire autant qu'il m'a été possible.

Si je n'y suis pas complétement parvenu, on verra du moins toute ma bonne volonté. Du reste, je suis très-loin de croire, en publiant cette méthode, avoir produit un ouvrage parfait; j'ai, au contraire, la persuasion qu'on pourra faire beaucoup mieux, et il n'est rien que je souhaite plus sincèrement dans l'intérêt de l'art du chant, dont la théorie n'est point aussi avancée que le pourraient faire croire les progrès que nous avons faits dans les sciences et dans les arts.

Ce qui s'oppose le plus au progrès du chant, c'est la rapidité même avec laquelle on veut s'élancer dans la carrière; on se hâte, on veut aller vite, on court pour ainsi dire toujours, et cette course incessante et superficielle ne laisse le plus souvent après elle, comme résultat accablant, que le souvenir réitéré des chutes qu'on a régulièrement essuyées partout où l'on cherchait des succès.

J'engage donc fortement les personnes qui veulent apprendre à chanter, et notamment celles qui veulent exercer la profession d'artiste, à étudier d'une manière sérieuse et approfondie, l'exposé des principes qui se trouvent dans cette méthode. Personne, jusqu'ici, n'avait jamais dit un seul mot dans un traité de chant :

1° De la conformation du larynx et du danger assez clairement démontré, d'après cette conformation même, de se livrer à des exercices exagérés.

2° De la mauvaise manière de respirer, universellement employée par les artistes et les orateurs; des fatigues et des graves inconvénients qu'elle présente.

3° Des moyens simples et naturels d'inspirer et d'expirer l'air, sans gêne et sans contractions ; d'acquérir ainsi une force beaucoup plus grande dans l'exercice du chant, sans altérer la santé.

4° De la quantité d'air que l'on doit emprunter pour satisfaire au besoin qu'on en peut avoir, et de la quantité que l'on doit progressivement dépenser, ainsi que du danger d'aller au-delà.

5° De l'importance d'une bonne prononciation ; des moyens de l'acquérir, et de ses rapports avec le chant.

6° De la nécessité de ne filer les sons que sur une seule note appelée *note typique*. Des avantages incontestables qui résultent de ce procédé. Des lettres sur lesquelles les sons doivent être filés.

7° De la préparation des sons, c'est-à-dire de la disposition préliminaire de la bouche, préparation indispensable pour obtenir le plus grand volume de voi possible.

8° De l'attaque du son *posé*. De ses conséquences funestes au chanteur et aux qualités de la voix.

9° De l'attaque du son *poussé*. De ce que cette attaque a de dangereux pour la santé. Si elle est le plus employée.

10° De l'attaque du son par *échappement*. Des moyens de l'acquérir et des avantages qui en résultent, tant par rapport à la largeur, à la puissance et au charme surprenant qu'elle donne à la voix, que par rapport à l'aisance avec laquelle on peut chanter plusieurs heures de suite, non-seulement sans danger, mais encore sans beaucoup de fatigue.

11° De la sympathie de la voix. De ce qui la donne accidentellement. De son influence, de ses effets. De la question si l'on peut être grand artiste sans cette qualité, si elle doit être innée, si l'on peut facilement l'acquérir.

12° De la ritournelle. Ce qu'on doit entendre par là. Comment il faut l'envisager. Ce qu'il faut toujours y observer.

Je n'ai rien négligé pour traiter ces questions avec clarté et d'une manière succinte, afin d'éviter l'aridité et l'ennui. Cependant, malgré mes efforts pour faciliter l'intelligence de principes indispensables pour toutes les personnes qui veulent acquérir un véritable talent, je dois dire qu'en commençant les exercices que je préconise, on éprouvera d'abord quelques difficultés par rapport aux contractions; qu'on omettra souvent de placer l'une ou l'autre partie de l'organisme dans les conditions prescrites; mais ces difficultés cesseront bien vite si l'on a le bon esprit de maîtriser les organes les uns après les autres, avant de vouloir faire une application simultanée des positions qui leur sont indiquées dans le cours de cet ouvrage.

CHAPITRE II.

DES PRINCIPAUX ORGANES DE LA VOIX ET DES CAUSES DE LEUR ALTÉRATION ET DE LEUR DESTRUCTION.

N° 1.

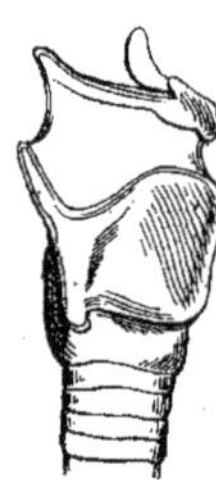

Mêmes lettres qu'au n° 2
Larynx vu sur le côté pour montrer l'ensemble de ses cartilages.

N° 2.

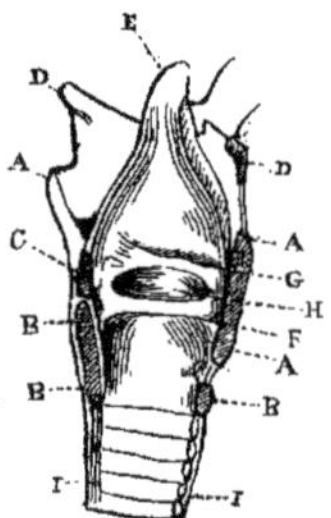

Larynx ouvert le long de la ligne médiane.
a, a, a, cartilage thyroïde.
b, b, b, cartilage ericoïde.
c, cartilage arythénoïde.
d, d, os hyoïde.
e, épiglotte.
f, corde vocale inférieure.
g, corde vocale supérieure.
h, intervalle qui sépare la corde vocale supérieure de l'inférieure ou ventricule de la glotte.
i, i, trachée artère.

N° 3

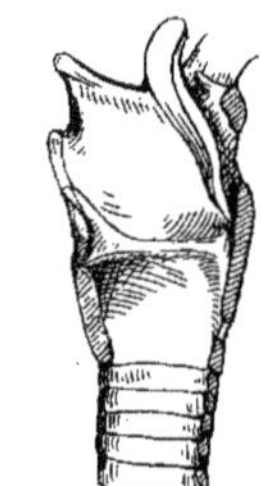

Mêmes lettres qu'au n° 2.
Cette figure est surtout destinée à montrer la disposition de la principale corde vocale, ou corde vocale inférieure.

N° 4.

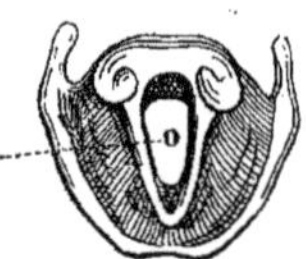

o. Ouverture de la glotte.

Mêmes lettres qu'au n° 2
Larynx vu par sa face supérieur pour montrer l'ouverture de la glotte.

Les organes principaux de la voix sont les muscles

et les cartilages du larynx. C'est par l'ensemble de leur jeu que les sons se produisent; mais ces sons ne sont obtenus dans le langage oral, aussi bien que dans le chant, qu'autant que les cordes vocales peuvent être facilement mises en vibration par la colonne d'air, qui s'échappe des poumons pendant l'expiration; et cette vibration n'a et ne peut avoir lieu que lorsqu'elles paraissent devoir, par leur contact, fermer tout passage à l'air. En d'autres termes, les sons produits par la voix humaine le sont à peu près dans les mêmes conditions que ceux produits par les instruments à vent.

On sait assez généralement que les artistes ne soufflent pas dans leurs instruments comme on soufflerait sur un corps pour le mettre en ignition ou sur une bougie pour l'éteindre; mais que les lèvres se joignent, que la bouche est fermée même avec une certaine force, et que l'air n'arrive dans les instruments que par la mise en vibration des lèvres, laquelle n'a lieu que par la compression de l'air dans les cavités buccales. Mais, pour que les cordes vocales puissent être mises dans les conditions nécessaires, c'est-à-dire se rapprocher, il faut que toutes les parties du larynx soient parfaitement normales, qu'elles n'aient subi aucune altération; car, dans le cas contraire, il serait manifestement impossible, quelque habileté qu'on ait d'ailleurs, d'émettre un son ayant la moindre pureté.

On évitera presque toujours l'altération des cordes vocales en prévenant : d'abord l'irritation ou l'inflammation de la membrane muqueuse qui recouvre tout l'appareil, et ensuite celle des muscles sous l'influence et la contraction desquels elles sont tendues; il suffit, à cet effet, de ne faire aucun de ces efforts qu'on appelle surhumains, de rester constamment maître absolu du son qu'on émet, en un mot, de le dominer sans cesse de manière à ne jamais être au-dessous du but qu'on veut atteindre, et de conserver la faculté de lui faire subir toutes les modifications possibles, selon l'exigence des cas.

La contraction de ces muscles dépend de l'incitation nerveuse communiquée au larynx ; (1) elle leur donne la faculté de tendre plus ou moins les cordes vocales, selon que nous voulons produire des sons plus ou moins élevés.

La contractilité des muscles est si nécessaire, si indispensable, que dès qu'elle cesse de s'exercer, il devient matériellement impossible d'émettre le son le plus faible; et cela est facile à concevoir, puisque nous avons vu plus haut que les sons ne se produisent que par le rapprochement ou le contact des cordes vocales, qui résulte de cette contraction.

Ces remarques et ces considérations doivent tout naturellement nous porter à conclure que ces muscles ne

(1) Cette incitation se communique par deux branches du nerf pneumo-gastrique, c'est à dire les nerfs laryngers supérieur et inférieur, 1° en avant : sur les cricothyroïdiens qui inclinent le thyroïde sur le cricoïde; l'action du muscle cricothyroïdien postérieur, agit sur le cartilage arythénoïde, de manière que l'angle interne et postérieur se rapproche de la ligne médiane en diminuant l'espace qui sépare les deux cartilages. 2° en arrière : Sur les cricoarythénoïdiens postérieurs et latéraux qui inclinent les arythénoïdes sur le cricoïde. La contraction du muscle cricoarythénoïdien latéral a pour effet de rapprocher l'angle interne et antérieur et d'écarter de la ligne médiane, l'angle interne et postérieur,

Les cordes vocales inférieures sont tendues activement par la contraction du muscle qui les soutient, c'est à dire le thyroarythénoïdien, et le rapprochement du cartilage thyroïde sur le cartilage cricoïde. Ce rapprochement s'opère par le muscle cricothyroïdien aidé des muscles extérieurs de l'appareil laryngien.

peuvent se tendre ou se contracter, selon leur état constitutif, que jusqu'à une certaine limite; si méprisant les avertissements les plus sages, on se livre imprudemment à des exercices exagérés; si emporté par la présomption ou la vanité, on veut aller au-delà de la faculté actuelle de contraction; si, enfin, ayant beaucoup acquis, on a la maladresse de vouloir acquérir sans mesure, il arrivera indubitablement quelque chose d'analogue à ce qui arrive toujours lorsque, par exemple, on s'amuse à tendre démesurément une petite corde élastique, il y aura fatigue ou paralysie des nerfs précités, et cette fatigue ou cette paralysie, amenant le défaut de contraction des divers muscles, entraînera forcément le relâchement des cordes vocales, et par suite la perte momentanée ou définitive de la voix.

En conséquence, il faut qu'on sache bien que chaque voix a une qualité qui lui est propre, et qu'il ne faut jamais chercher à changer; on peut la développer sans doute; on peut, en travaillant consciencieusement, acquérir un très-grand développement phonique; on peut augmenter la voix de plus d'un tiers, sinon de moitié; mais on ne peut jamais en changer la qualité première. Tous ceux qui ont l'imprudence de le tenter obtiennent à la fin, pour résultat inévitable, des voix qui sont ou voilées, ou chevrotantes, ou gutturales, etc., quand, toutefois, elles ne sont pas perdues tout à fait, ce qui arrive le plus souvent.

CHAPITRE III.

DE LA RESPIRATION.

Inspiration vicieuse.

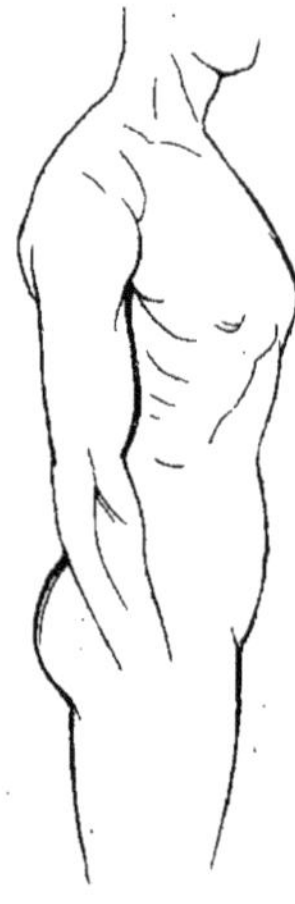

La première cause occulte des graves accidents, qui résultent du chant, doit-être, en général, attribuée aux vices irrécusables d'une mauvaise respiration ; respiration qui, du reste, n'est pas particulière aux chanteurs, car elle est employée par toutes les personnes qui, comme eux, sont obligées par la nature de leur emploi, de faire une dépense de souffle plus grande que celle que l'on fait à l'état normal.

Presque toutes les personnes qui se préoccupent de l'art des sons, ne songe guère au point de vue anatomique, aux conditions préparatoires de leur émotion ; il y en a cependant de très-essentielles, et sans la connaissance ou l'observation desquelles il est impossible de parler ou de chanter longtemps, sans se fatiguer. Les plus simples observations suffisent pour se convaincre de cette vérité ; en effet, elle repose sur des faits pour ainsi dire matériels.

Cette mauvaise respiration s'appelle costale ; ses caractères sont, comme on le voit, la dilatation des côtes qu'elle écarte outre mesure, de la poitrine et des épaules qu'elle soulève plus ou moins, selon que l'inspiration est plus ou moins grande.

L'abdomen n'a, pour ainsi dire alors, aucune action ; il parait purement passif, par rapport à la poitrine. Cela se voit tous les jours chez les chanteurs, que leur profession met plus que d'autres en évidence, c'est-à-dire ceux qui paraissent sur la scène. Cette manière de respirer est funeste, et si elle fait un peu moins de ravage parmi les autres personnes, cela tient uniquement à la différence très-sensible qu'il y a entre la musique que l'on chante dans les salons et celles des théâtres, ainsi qu'à l'étendue des morceaux.

Elle doit donc être soigneusement interdite. De tristes expériences démontrent, en effet, qu'elle amène la mort prématurée d'un grand nombre de chanteurs.

CHAPITRE IV.

Expiration vicieuse.

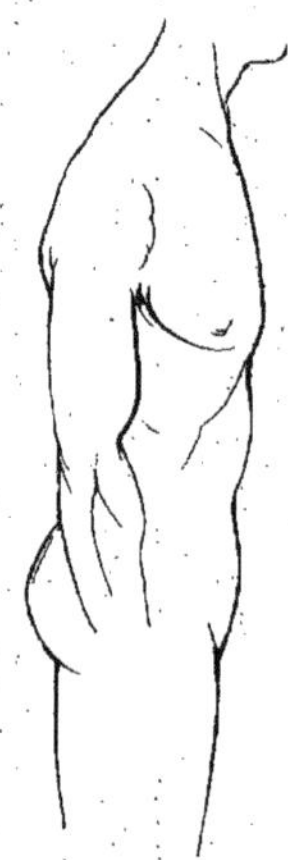

Cette expiration est la conséquence naturelle du mode d'inspiration expliqué dans le chapitre précédent. Les côtés, la proitrine et les épaules sont représentées ici dans leur position naturelle ou normale. Il ne faut pas s'étonner de la grande différence de cette figure avec la précédente ; elles ne sont exagérées ni l'une ni l'autre. Dans ces deux positions, les mouvements de la poitrine sont à ceux de l'abdomen comme 3 à 1, en un mot, la poitrine agissant trois fois plus que l'abdomen dans l'inspiration, doit réagir dans l'expiration avec une force triple, en sorte que les muscles du thorax sont, si je puis le dire, surchargés d'un travail excessif.

Chacun concevra facilement ce qu'un exercice aussi forcé doit avoir de fatigant, de dangereux, et reconnaîtra sans doute la fausseté de semblables mouvements. Quelque soit le diapason sur lequel on ait besoin de chanter ou de parler; à quelque degré enfin qu'on ait besoin d'élever la voix, les épaules devront toujours rester dans la plus complète immobilité, c'est-à-dire ne jamais s'élever par l'inspiration de l'air dans les poumons, et ne jamais s'abaisser dans l'expiration.

Cette dernière recommandation pouvant paraître inutile, je crois devoir ajouter, que l'abaissement des épaules dans l'expiration peut avoir lieu indépendamment de leur immobilité dans l'inspiration; cela arrive toutes les fois (au moins trois sur cinq), qu'on dépense non-seulement la quantité d'air excédante empruntée pour satisfaire au besoin qu'on en a, mais encore celle qui est rigoureusement nécessaire à la vie. (Voir au chapitre *Poumons.*)

CHAPITRE V.

Inspiration normale.

Pour respirer dans les conditions qu'exprime cette figure, il suffira de s'observer soi-même à l'état normal, ce qui est fort simple. On s'apercevra aisément qu'on respire sans gêne, sans contractation, sans la moindre fatigue ; que la poitrine jusqu'à la région épigastrique, n'éprouve qu'un mouvement presque imperceptible d'élévation et d'abaissement ; que les épaules sont en effet dans une immobilité absolue, et que l'abdomen est, pour ainsi dire, le seul agent actif visible dans cette manière naturelle d'inspirer et d'expirer l'air (1). Je donnerai à cette respiration le nom de respiration diaphragmatique. Les mouvements des côtes, bien qu'indispensables à l'exercice parfait de la respiration, sont alors presque insensibles; ils semblent résulter d'une sorte d'élasticité qui vient en aide aux mouvements principaux; je veux dire aux mouvements du diaphragme et de l'abdomen. La recommandation de porter, dans ce mouvement, le haut du corps un peu en avant est très-importante; elle a pour but de laisser aux pectoraux et aux muscles droits du ventre, enfin à tous les agents inspirateurs et expirateurs, toute la liberté d'action dont ils ont besoin; car plus le haut du corps est droit, moins il y a de capacité pour l'air et de facilité pour la respiration; et lorsque, par exemple, le haut du corps est tout à fait renversé en arrière, elle devient si pénible, si courte, que l'on est tout haletant au bout de quelques minutes, même sans avoir dit un seul mot.

(1) L'abdomen peut être comparé avec assez de justesse à un soufflet de forge que l'on mettrait en jeu après l'avoir préalablement placé dans une position verticale. Pour se convaincre de ce fait, étant à la position indiquée dans ce chapitre, il suffit de placer la main sur le ventre, il est assez probable que cette petite expérience fera disparaître les doutes qui pourront s'élever dans l'esprit de quelques personnes.

CHAPITRE VI.

Expiration normale.

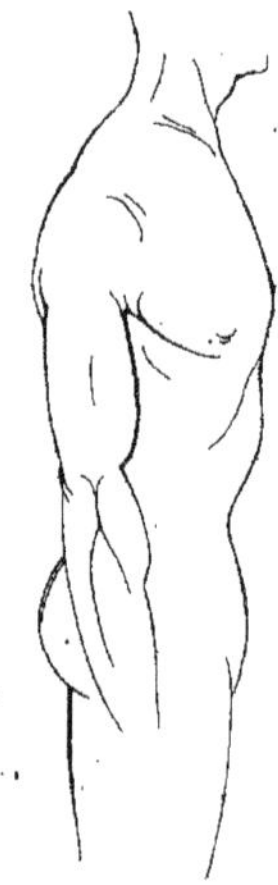

Ainsi, dans l'inspiration normale, la poitrine semble immobile. Le ventre seul, poussé en avant par le diaphragme, fait saillie. Les mouvements normaux de l'expiration ne devront, par conséquent, point modifier d'une manière sensible la forme du thorax. Mais les muscles abdominaux repoussant seulement le diaphragme, par une sorte de réaction naturelle, la saillie du ventre s'affaissera par degrés. C'est cette modification que notre figure exprime.

On remarquera, que dans cette manière de respirer, le thorax, demeurant dans un état relatif de repos, conserve toujours une assez grande quantité d'air. En sorte que les actes intimes de la respiration ne sont point interrompus, l'expiration ne chassant qu'une certaine portion excédante d'air qu'avait introduit l'inspiration. Tous ces mouvements doivent être mesurés, insensibles même. Et il faut, autant que possible, éviter d'altérer, par une imprudente intervention de la volonté, le rhythme simple et naturel qu'a institué la nature.

Dans l'état ordinaire de la vie, on respire environ de quinze à vingt fois par minute; mais dans l'action du chant, ce nombre se réduit, dans le même temps, de quatre à six au plus.

Dans l'exercice de la respiration seule, on n'éprouve pas de difficultés à observer les recommandations que j'indique. Mais il n'en faudra pas moins se rendre cette forme naturelle d'expiration aussi familière que possible afin de n'avoir pas trop à s'en préoccuper dans l'attaque des sons.

CHAPITRE VII.

EXEMPLE FIGURANT LA MASSE DES POUMONS.

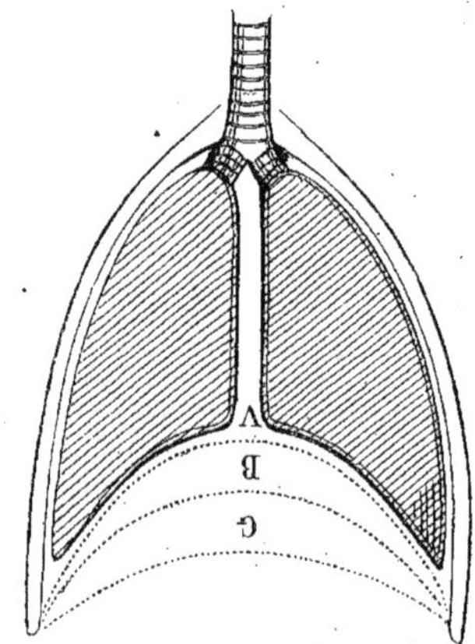

A Ligne indiquant la position du diaphragme dans l'expiration normale.
B Ligne indiquant la position du diaphragme dans l'inspiration ordinaire.
C Ligne indiquant la position du diaphragme dans l'inspiration profonde.

On ne doit jamais dépenser plus des deux tiers du souffle contenu dans les poumons, le tiers restant est absolument indispensable à notre existence ; on ne l'expulse jamais impunément, dès que l'expiration dépasse cette limite, il y a instantanément contraction simultanée de la plupart des muscles, principalement dans la glotte ; on voit les jarrets se fléchir, le corps se courber en avant et le sang refluer vers le visage. Ce mouvement, souvent répété, peut finir par provoquer de graves maladies, ou déterminer celles qui peuvent être à l'état latent chez certains sujets, et faire apparaître des phénomènes plus ou moins graves d'asphysie. (1)

La respiration précipitée, surtout lorsqu'il y a eu épuisement d'air, n'est pas moins mauvaise dans ses effets ; elle produit les mêmes résultats par des moyens opposés ; elle porte, avec une très-grande force, le sang vers les extrémités, notamment vers la face, et peut, en se prolongeant un peu, occasionner de grands désordres dans toute l'économie, ce qui n'arrive que trop fréquemment, et déterminer, par la rupture de quelques vaisseaux sanguins de la tête, ce qu'on appelle une attaque d'apoplexie.

Dès lors, on comprendra, sans doute, l'importance de ces avertissements, et la nécessité de rejeter, sans délai, toutes ces mauvaises méthodes, pour y substituer les principes qui nous sont donnés par la nature même ; principes innés et que les observations les plus simples nous feront, par conséquent, très-promptement connaître.

(1) Cette dépense entière du souffle ne peut jamais être justifier par la mesure. Un chanteur habile n'éprouve jamais de surprise, il prévient adroitement les difficultés et se joue d'elles.

CHAPITRE VIII.

DE LA PRONONCIATION.

Considérée dans ses effets, la prononciation a une importance dont bien peu de personnes se doutent. On peut lui attribuer aussi une grande part des indispositions fréquentes, dont les chanteurs sont trop souvent accablés. Ils paraissent se croire obligés de faire de grands efforts, pour être entendus des auditeurs, lorsqu'ils s'en trouvent à une certaine distance. Il faut, sans doute, que le volume de la voix ou l'intensité des sons augmente en raison de cette distance même ; c'est une vérité mathématique aussi incontestable que celle du levier, et que celle de la grande peinture historique, qui exige impérieusement des couleurs et des tons d'autant plus fortement marqués, que la distance à laquelle les toiles doivent être placées des spectateurs, est plus éloignée.

Mais la question est de savoir si les efforts qu'ils font sont des conséquences forcées, inhérentes à leurs fonctions, et s'ils emploient les organes convenables, pour obtenir l'intensité qu'ils veulent donner à leur voix ?

A priori, ont peut dire que ces efforts sont d'une inutilité complète, et que ces défauts, il ne faut pas se le dissimuler, ne proviennent que de l'ignorance ou de la négligence que l'on apporte dans l'articulation.

Généralement on n'articule pas ; on emploie, pour

se faire entendre à une certaine distance, les mêmes procédés que lorsqu'il s'agit d'émettre un son élevé, c'est-à-dire qu'on pousse d'autant plus fort qu'on est plus éloigné du point vers lequel on dirige la voix. On se sert, à cet effet, et c'est ce qui ne devrait se faire que pour les sons élevés, on se sert du larynx comme point d'appui, et des poumons comme force dirigeante; ces deux organes remplissent bien, si l'on veut, les mêmes fonctions dans les deux cas; mais ils ne les remplissent toujours que d'une manière relative. Dans le premier, c'est-à-dire pour le chant, l'attaque, l'intensité et la tenue des sons dépendent principalement de la force active des poumons et du larynx. Dans le second, au contraire; c'est-à-dire pour la parole, ces organes n'ont plus qu'une action, qui est quelques fois transitoire du fort au faible; mais le plus souvent entièrement passive, par rapport à la langue et aux lèvres, qui sont et doivent toujours être les principaux moteurs de ce travail. Les lèvres surtout ont une très-grande puissance de projection ; lorsqu'elles sont bien préparées, l'intensité de l'attaque est comparativement doublée, dans tous les mots qui ont des consonnes pour initiales; et cette préparation consiste d'une part : dans la modification de l'appareil buccal, c'est-à-dire dans le plus ou moins grand rapprochement, ou la plus ou moins grande compression des lèvres, et, de l'autre, dans la production mentale de tous les sons avant d'être articulés.

Pour le chant surtout, il doit y avoir un intervalle marqué, entre la préparation et l'attaque.

Mais, pour employer ces principes, on observera soigneusement de ne jamais parler avec une trop grande volubilité; car, lorsque les mots se succèdent avec une extrême vitesse, il est pour ainsi dire impossible de les prononcer d'une manière suffisamment distincte, pour les faire entendre de loin; de plus, on remarquera que toutes les personnes qui ont ce défaut, ont nécessairement aussi, comme conséquence, celui de la respiration précipitée, dont il est parlé au chapitre poumons.

Souvent, dans une conversation animée, on oublie de concilier les mouvements des lèvres avec ceux de la respiration; rien n'interrompt alors le mouvement d'articulation; on parle sans s'arrêter, on parle toujours; et l'expiration, arrivant ainsi à son terme, l'angoisse qui en résulte détermine des inspirations bruyantes spasmodiques, pareilles à des sanglots. Ces sanglots entrecoupent un débit trop rapide, et donnent lieu à ce qu'on appelle vulgairement des couacs. Rien n'est plus fréquent que ce phénomène dans la déclamation précipitée des petits enfants, qui récitent leurs leçons, et les chanteurs imprudents n'en sont pas toujours à l'abri.

Il est donc important, quelque pressé qu'on soit, de bien articuler chaque mot.

L'expérience prouvera vraisemblablement à tous ceux qui croiront devoir suivre ces conseils, que loin de perdre du temps, en agissant ainsi, on en gagne en définitive beaucoup; et cela sans courir le danger trop réel de se nuire à soi-même. La précipitation n'aboutissant, en dernière analyse, qu'à la paralysie et à l'impuissance totale.

CHAPITRE IX.

RECHERCHE SUR LE DIAPASON DES VOIX, DU SON OU DE LA NOTE TYPIQUE.

La recherche et la détermination de cette note est de la plus haute importance ! Elle doit être faite avant tout autre travail, avec beaucoup d'attention et de sagesse. C'est peut-être l'opération la plus délicate de toutes; car, de cette détermination seule, dépend le succès ou l'insuccès du développement de l'appareil vocal.

Comme mesure de prudence, le professeur, après avoir fait parcourir toute l'étendue de l'échelle vocale à un élève, pour connaître ses moyens, moyens qu'avec une certaine habitude il finira par juger un peu à l'avance, rien qu'à l'inspection des sujets, devra toujours donner, comme note type, un ton ou un demi-ton au-dessous de la dernière de celles que l'élève donnera avec la facilité désirable ; et on sera assuré de cette facilité, lorsqu'on ne remarquera aucune contraction sur le visage ; lorsque, par exemple, on ne verra pas les sourcils se rapprocher comme pendant l'inquiétude, ou les paupières s'abaisser sur le globe de l'œil; ce qui, avec le rapprochement des sourcils, caractérise une grande souffrance.

Sauf quelques très-rares exceptions, toutes les notes types se trouveront :

Depuis l'*ut* jusqu'au *fa* pour les uns; (les ténors.)

EXEMPLE.

Et du *la* jusqu'au *ré* pour les autres. (Les basses et les barytons).

EXEMPLE.

En travaillant la note donnée, l'élève acquerra du développement, de la force; et ,en procédant ainsi, on ne courra jamais le danger de briser les voix, même les plus frêles; ce qui arrive la plus grande partie du temps par les principes erronés dont on fait usage.

Le brisement des voix n'a presque toujours pour cause que l'imprudence de l'élève, ou l'imprévoyance du maître ; la manière de vivre n'y entre, on peut le dire, pour rien ; elle ne peut déterminer que des accidents passagers ; il n'y a que l'usage constant et immodéré des alcools qui puisse, à la longue, amener le même résultat, par les altérations profondes qu'elle détermine dans l'organisation entière, et en particulier, dans le larynx.

Maintenant, sur quelles voyelles devra-t-on travailler la note typique ? Quelles sont celles qui offrent le plus d'avantages ? Ce sont incontestablement les lettres *o* et *a* unies. *O* d'abord, parce qu'il agrandit l'arrière-bouche et développe, par cela même la voix ; *A* ensuite, parce qu'il empêche le son d'être sourd, qu'il le rend plus extérieur et lui donne plus d'éclat.

EXEMPLE.

Dans les commencements, les deux tiers de la durée du son devront être filés sur le *o*, et le troisième sur le *a*.

Lorsqu'on sera parvenu à agrandir l'arrière-bouche à volonté (voir au chapitre 10, *de la Préparation*), ce sera l'inverse, c'est-à-dire que les deux tiers devront alors, après l'attaque, être filés sur le *a*. Mais ce changement, cette transformation, doit se faire dans la même émission, d'une manière progressive, insensible. Dans tous les sons élevés, on aura soin, toutes les fois qu'il se présentera des voyelles, soit comme initiales, soit comme finales des mots, de les modifier par celles-ci ; c'est-à-dire de les rapporter insensiblement aussi à leur prononciation, surtout à celle de la voyelle *o*, en ce que cette lettre est, sans contredit, celle par laquelle on obtient la plus belle sonorité, en un mot, la plus belle phonation.

D'après ce principe, on modifiera, autant que possible, en les prononçant, la voyelle *i* par la voyelle *e*, et celle-ci et la voyelle *u* par la diphtongue *eu*. L'on exagérera plus ou moins toutes ces modifications, selon le lieu ou la distance.

Quand on ignore ces choses, il serait difficile de se figurer tout ce que ces modifications diverses donnent de force, de largeur, de puissance, enfin de richesse et d'agrément aux sons.

Il suffira de quelques épreuves pour qu'on reconnaisse toute la justesse de ces recommandations (1).

(1) Ce qui justifie pleinement cette assertion : c'est que tous les porteurs d'eau et tous ceux des marchands des rues qui annoncent au public, les objets de leur commerce, sur des syllabes à peu près semblables, ont tous de fort belles voix; tandis que ceux qui se servent plus particulièrement des lettres *e*, *u*, *i*, comme les marchands d'habits, par exemple, et les vitriers, n'ont presque tous que des voix chevrotantes et voilées.

CHAPITRE X.

DE LA PRÉPARATION DES SONS.

Lorsqu'on s'est suffisamment exercé à la respiration diaphragmatique, qu'elle est devenue un fait acquis, on doit s'attacher à préparer les sons que l'on veut émettre. Les règles de cette préparation sont les suivantes :

1° Respirer plusieurs fois profondément après s'être, au préalable, placé dans la position prescrite, en ce qui est relatif au haut du corps. Cette recommandation a pour but de dilater l'abdomen, ainsi que toutes les parties qui concourt à la formation et à l'émission du son ;

2° Abaisser le larynx le plus possible, modifier la langue en une sorte de canal, et en placer l'extrémité à la hauteur et en arrière des dents inférieures ; soulever le plus possible aussi le voile du palais ; ouvrir la bouche extérieurement sans effort, c'est-à-dire de deux centimètres environ ; on observera de ne pas dépasser cette donnée, attendu qu'il est très-nuisible de l'ouvrir davantage ; car plus elle est ouverte extérieurement, moins elle est spacieuse en arrière ; il s'en suit que le son qu'on émet dans cette condition, sort immédiatement de la bouche sans aucune répercussion, partant sans aucune forme acoustique. Ce son ne peut avoir ni rondeur ni ampleur, il est au contraire, maigre, souffrant, et presque toujours guttural.

Ces conséquences font assez voir qu'il faut absolument que l'arrière bouche soit aussi spacieuse que possible.

L'applatissement de la langue et, par suite, sa modification en forme de gouttière, quand la bouche est ouverte, ne peut s'opérer en arrière, c'est-à-dire à la partie principale, que par l'abaissement du larynx. Et on sera assuré d'un bon commencement d'exécution, dans cet abaissement, lorsqu'on éprouvera le besoin de bâiller; besoin qui ne sera provoqué, en commençant, que par cet exercice, à raison de la contraction de certains muscles de la bouche. L'abaissement du larynx est une condition essentielle et indispensable dans la préparation du son. Il est à la voix humaine ce que sont les embouchures sont aux instruments à vents. Lorsqu'elles y sont adaptées, les instruments produisent des sons plus ou moins purs, selon que l'exécutant est plus ou moins habile ; tandis que les sons produits par l'embouchure, seule, sont nécessairement hétérogènes et, par conséquent, très-désagréables.

Le larynx étant donc l'embouchure de l'instrument vocal, il s'en suit : que la couleur du son doit dépendre, en grande partie, des relations de cet organe avec la bouche, considérée comme corps d'instrument musical. Ainsi, plus il est abaissé, plus il y a de capacité pour l'acoustique dans l'appareil buccal ; au contraire plus il est élevé, plus le son est criard, aigu, discordant par rapport à l'exiguité même de l'espace.

N° 1.

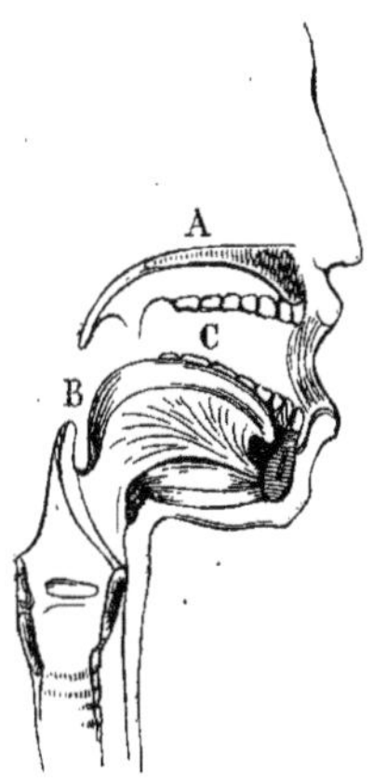

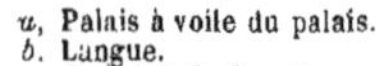
a, Palais à voile du palais.
b. Langue.
c, Cavité de la bouche.

N° 2.

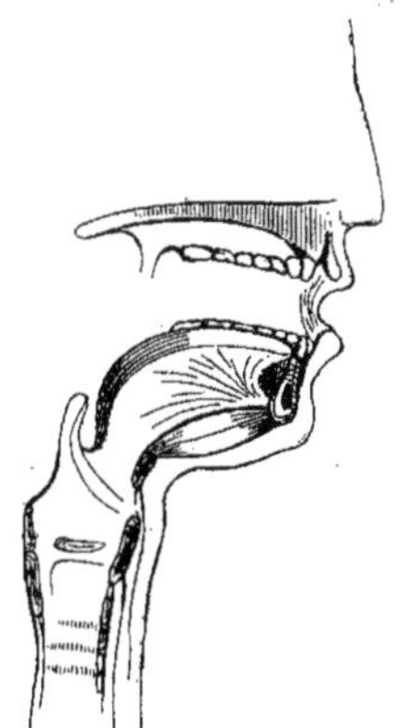

Mêmes lettres qu'à la figure n° 1.

On voit, par ces deux figures, toute la différence qu'il y a entre une bouche ouverte seulement à l'extérieur comme N° 1, et une bouche dilatée comme le N° 2. Il est évident qu'un son produit dans la première condition doit être nécessairemeut maigre et même aigu. Au lieu que dans la disposition du N° 2, dont la capacité interne est considérable, on produira des sons qui n'auront rien de comparables, dans la première, pour la facilité, l'ampleur et la beauté.

Par la figure N° 1, l'air n'a qu'un espace très-restreint. Par la figure N° 2, au contraire, le même volume d'air, en s'échapant des poumons, éprouve une multitude de réfractions continuelles qui, en se répercutant, donnent aux sons une force qu'ils ne pourraient jamais avoir sans cela. (On peut consulter à cet égard les traités d'acoustique sur la théorie du porte-voix.)

CHAPITRE XI.

DES DIFFÉRENTES ESPÈCES D'ÉMISSION DU SON. DE L'ATTAQUE DU SON POSÉ.

Ce son n'a aucune portée. L'émission en est molle, paresseuse. Il n'est généralement employé que par les personnes qui ont la parole lente, mesurée. Cette espèce d'attaque a l'air d'une véritable psalmodie et ne peut aucunement convenir lorsqu'elle est habituelle. Je dis habituelle, parce qu'il est important qu'on sache qu'il n'existe aucun défaut, j'oserai presque dire aucune imperfection du son, qui ne soit d'une grande beauté, toutes les fois qu'elle est produite avec art en temps opportun.

Mais, lorsque l'attaque est habituellement molle, elle est plus propre à paralyser l'énergie qu'à stimuler, qu'à augmenter la puissance d'action, toujours si nécessaire aux personnes qui chantent.

Il semble que celles qui s'en servent craignent d'étourdir leurs auditeurs.

Ce défaut, s'il n'a pas d'inconvénients pour la santé, en a d'assez graves d'ailleurs, c'est-à-dire au point de vue de l'exécution et, par suite, de l'impression qu'il produit inévitablement sur les auditeurs.

Je crois qu'il n'est pas de narcotique ou de spécifique plus sûr et peut-être plus prompt en vertu dormitive; c'est, sans contredit, l'écueil le plus redoutable pour la réputation du chanteur, et s'il ne pouvait vaincre ce défaut, il vaudrait mille fois mieux qu'il renonçât à cette profession.

Je crois inutile de m'étendre sur les défectuosités de cette manière d'attaquer les sons, ces quelques mots suffiront, sans doute, pour engager les personnes qui s'en servent à n'en plus faire usage.

CHAPITRE XII.

DE L'ATTAQUE DU SON POUSSÉ.

Le son est poussé toutes les fois qu'on l'attaque d'abord en-dessous, pour l'élever ensuite vivement et avec force au point où il doit être.

Quelques personnes ne qualifient cela que de ports-de-voix; cependant il y a une grande différence entre ces deux défauts.

Les ports-de-voix ne nuisent guère à la santé de celui qui les fait; mais ils ont le grave inconvénient de déplaire extrêmement à tous les amateurs; c'est-à-dire à ceux qui, dans le chant, aiment l'élégance, la grâce, et surtout la pureté des sons.

Pour ce qui est du son poussé, il n'en est pas de même; on paraît vouloir prendre une espèce d'élan dont le résultat est, ou devient tout opposé à ce qu'on en attend, et qui nécessite de grands efforts; efforts qui réagissent d'une manière très-douloureuse sur toutes les voies respiratoires, et, pour ne parler que des parties les plus connues, qui mettent la membrane muqueuse, la luette, le voile du palais dans une irritation permanente et cruelle; les cordes vocales surtout en souffrent affreusement! elles s'épaississent par la présence forcée d'une trop grande quantité de sang dans les parties sous-jacentes, et ne font plus entendre, comme dans l'enrouement, que des sons ayant une grande similitude avec ceux que l'on entend sortir de la poitrine de quelques moribonds, et avec les gémissements rauques et caverneux que produisent les garçons boulangers, lorsqu'ils pétrissent.

La principale cause, de cet effet, provient de l'ignorance absolue des principes qui se trouvent formulés plus haut. En effet, les personnes qui poussent le son expirent à l'excès et dépensent, à leur insu, cette quantité d'air que j'appellera inormale, et que, dans les plus grands efforts du chant, on ne doit jamais employer. Elles épuisent ainsi leurs forces; elles aboutissent à une suffocation inévitable; et l'on peut aisément s'en convaincre en observant le mouvement de l'abdomen qui, dans ce cas, passe sans aucune progression de la forme convexe à la forme concave.

Cet effet regrettable dépend en outre d'un redoublement d'effort, par lequel on cherche à compenser l'épuisement du souffle, et d'un malheureux amour-propre qui pousse souvent les chanteurs à faire dominer leur voix sans mesure.

Tous ces défauts, joints à la respiration vicieuse appelée costale, détruisent très-promptement les santés les plus robustes, par suite des contractions continuelles qui en sont la conséquence; contractions si certaines, si inévitables, qu'elles se manifestent visiblement dans tout le système musculaire, et qu'on voit les poings se fermer avee force, les jambes se raidir et les talons s'élever, comme cela se produit chez presque tous les chanteurs, dans l'émission des sons aigus. D'autres fois, et c'est là le dernier paroxisme de l'épuisement, on voit les jarrets se fléchir, le corps se courber en avant, ainsi que cela est déjà dit au chapitre poumons; les artères, notamment les carotides, se gonfler, et déterminer une sorte de tremblement et de décomposition dans tous les traits du visage.

De là résultent ces trop fréquentes douleurs d'entrailles; ces titillations désagréables qu'on ressent quelquefois dans le larynx; cette sensation de chaleur excessive de l'intérieur de la poitrine, qui fait dire aux artistes eux-mêmes qu'ils ont le feu dans le corps; qui les réduit souvent, avec la perte de l'appétit, à un assez grand état de maigreur, et leur fait rechercher, de préférence, tout ce qu'ils peuvent se procurer de plus froid en boisson et même en aliment.

CHAPITRE XIII.

DE L'ATTAQUE DU SON PAR ÉCHAPPEMENT.

L'attaque du son par échappement est la seule convenable; la seul que nous devons nous efforcer à acquérir, parce qu'elle est la seule qui, avec une grande portée, nous offre, en outre, l'immense avantage: non-seulement de ne pas nous fatiguer beaucoup, même en chantant plusieurs heures de suite, mais encore de développer considérablemeut l'instrument vocal.

En se pénétrant bien de la signification du mot échappement, on ne tardera pas à comprendre comment les sons doivent-être attaqués; car personne n'ignore tout à fait ce que c'est qu'un mouvement de cette nature; que c'est essentiellement un mouvement de ressort.

En observant un peu, on s'apercevra que tout le monde émet des sons par ce procédé. Mais cela se fait spontanément, sans y penser, comme par exemple, l'exclamation suivante *oh!* Souvent cette exclamation est répétée trois ou quatre fois de suite, en forme de gamme montante ou descendante, *oh! oh! oh! oh!.....* Dans cette opération de la voix on entend une sorte de martellement, c'est-à-dire de sons successifs et détachés qui, considérés isolément, représentent très-bien l'attaque précitée. De plus, on remarquera qu'elle force le larynx à s'abaisser et, par conséquent, l'arrière bouche à s'agrandir.

Nous aurons encore un très-bon exemple de l'attaque du son par échappement, dans l'émission ferme de la syllabe *te*, ou plutôt *Teu*, telle qu'elle se produit naturellement dans cette phrase : *Ce sont eux*. Ou encore dans celle-ci : *Ils sont hommes*. Lorsqu'on fait très-fortement sonner le *T* final.

Ceci nous prouve d'une manière assez explicite que, par ce procédé, le son est naturellement énergique, sans avoir le vice d'être poussé.

Ces deux modes diffèrent autant qu'une voix grêle d'une voix forte, pour la rondeur, l'ampleur et l'intensité des sons.

Me permettra-t-on d'exprimer ma pensée par un exemple. Le son par échappement sera comparable à celui que produit le choc instantané du marteau, sur le timbre, dans la sonnerie d'une horloge.

Sauf le commencement, qui doit-être un peu plus soutenu, le son filé de la voix humaine doit, du reste, être conduit en tout point comme l'est naturellement celui d'un timbre, et non d'après la méthode erronnée de certaines écoles; où l'on prescrit, après l'inspiration profonde, de n'attaquer le son que très-faiblement d'abord, de l'enfler graduellement, de le diminuer de même, afin de le finir exactement sur le diapason commencé.

L'examen le plus superficiel suffit pour reconnaître toute la fausseté de pareils principes ; et en effet, que demandent les poumons, après l'inspiration de l'air ? Ils demandent évidemment à s'en décharger autant que possible ; cela se fait-il ? Cela peut-il se faire en attaquant le son d'après cette méthode? Assurément non. Il y a une compression forcée de l'air et, partant, une contraction nécessaire des voies respiratoires.

Maintenant, je demanderai si ce même son, au moment où il est le plus enflé, au plus fort de son volume enfin, peut-être comparé en intensité, à un son produit par échappement? Je repondrai simplement, que cela n'est pas plus possible que de le finir avec la netteté, la pureté de celui-ci; attendu que l'excédent d'air, étant presque toujours dépensé avant cette troisième phase du son, il s'opère une contraction non moins forcée que les précédentes ; et qu'on est obligé, pour le soutenir, d'empiéter sur la quantité d'air enfermée au-delà de la ligne *a* (figure 7e), qui marque le point de l'expiration normale, au chapitre poumons.

Je pourrais multiplier ces exemples; mais j'ai la persuasion qu'aucun ne pourrait être plus clair et plus saisissant, que ceux dont on vient de lire la démonstration ; et je crois, par cette raison même, qu'au lieu d'ajouter à l'intelligence de l'interprétation du son demandé, ces exemples seraient plus désavantageux qu'utiles ; en ce qu'ils obligeraient nécessairement les élèves à une plus grande contention d'esprit.

Il suffira donc de bien connaître ceux qui sont énoncés ici, pour en faire une application raisonnée à la voix.

Je crois devoir ajouter encore ici, ce que je dis en commençant, à savoir : qu'il ne faudra pas se laisser décourager par les premières difficultés qu'on éprouvera ; car, quelque grandes qu'elles soient d'abord, j'ose affirmer de nouveau, qu'après un mois d'un travail consciencieux et persévérant, on s'apercevra, si non d'un succès complet, du moins d'un progrès très sensible. Mais, il ne faudra faire ce travail qu'avec beaucoup de modération, et ne pas chercher à aller trop vite ; surtout pendant les quinze premiers jours, où les organes ont besoin de fréquents repos, pour se remettre des tiraillements inévitables qu'on leur fait involontairement subir, à cause du manque d'habitude.

Dans tous les exercices, soit pour la disposition de la bouche, soit pour l'émission des sons, il faudra toujours laisser un intervalle de deux ou trois minutes, après chaque tentative, et ne jamais prolonger ces exercices au-delà d'une heure, y compris les temps de repos.

Lorsque les organes commenceront à s'habituer à ces mouvements, on pourra, en les divisant, travailler trois et même quatre heures par jour.

Il faut bien se pénétrer de ce principe, ou, pour mieux dire, de cette vérité, que la voix humaine n'étant, dans son espèce, qu'un instrument comme tout autre, ne fait pas exception à la loi commune et constante des choses, c'est-à-dire des arts et des métiers ; et que l'habilité ne s'acquiert ici, comme en tout, que par une pratique journalière.

Cependant, en possédant les principes ci énoncés, il suffira, si on n'est appelé que de temps à autre à faire usage de l'instrument vocal, il suffira, dis-je, de se préparer la veille, et, si on le peut, ce qui n'en vaudrait que mieux, dès l'avant-veille, pour être parfaitement en voix au moment prescrit.

Mais on ne devra commencer à essayer cette attaque et s'y exercer, que lorsqu'on aura fait une étude approfondie de tout ce qui précède. On apportera à ce sujet une attention toute particelière et fortement soutenue, afin de prévenir la respiration et les attaques vicieuses, critiquées dans les chapitres précédents. Notamment l'attaque dite *poussée*, dont l'emploi est d'un usage presque général, et qui, par cela même, sera encore quelquefois employée, tout en voulant et même en croyant suivre exactement l'attaque par échappement.

On se rappellera sans cesse, que ce chapitre doit être considéré comme la synthèse, comme la fin dernière, vers laquelle tout converge jusqu'ici, et à laquelle il faut rapporter tous les sons, quels qu'ils soient, au point de vue de leur développement.

En conséquence, on examinera scrupuleusement, avant de faire attaquer le son, si l'élève est placé dans les conditions préparatoires demandées; c'est-à-dire si, abstraction faite des talons sur la même ligne et des jarrets également tendus, il est à la position du soldat, en ce qui regarde seulement le haut du corps; (l'élève pouvant se porter alternativement sur l'une ou l'autre jambe, et faire avec les bras toute espèce de gestes, sauf à placer les mains derrière le dos, à cause de l'oppression qui en résulte), si la respiration est libre et convenable; si le larynx est suffisamment abaissé; si la langue est bien aplatie et disposée en forme de gouttière; si le voile du palais est bien soulevé; et si, enfin, il n'y a aucune contraction sur le visage.

L'omission ou l'inobservation d'une seule de ces prescriptions influerait d'autant plus sur les sons, chez les commençants, qu'aucune de ces qualités ne sera encore parfaitement acquise par l'habitude. Quand elles seront toutes passées à cet état de perfection, il ne sera plus nécessaire de s'en préoccuper dans l'application.

Mais il faudra toujours s'examiner de temps en temps ; revoir tous les principes, et s'y exercer dans l'instant même, sans jamais en exagérer aucun. Car, possédât-on la plus belle voix, les meilleurs organes et des principes supérieurs, on doit savoir, qu'en exagérant, les exercices quelque efficaces et quelque excellents qu'ils soient d'ailleurs, deviennent involontairement et forcément la cause efficiente de l'altération, de la détérioration des organes et, partant, de la perte des voix.

Maintenant, pour prévenir ou pour répondre aux objections qui pourraient être faites, relativement à l'attaque du son par échappement ; je dirai que cette attaque même a été la cause principale de l'admiration ! je dirai plus, de l'enthousiasme que le public a professé pour M. Duprez, de l'Académie nationale de musique, à l'époque de ses débuts ; et que, longtemps après qu'il a été réputé sans voix, cette attaque a éte le côté principal de son talent, qui l'a fait se soutenir et continuer à paraître sur la scène. Je dirai, en outre, que l'état actuel de l'organe de cet éminent artiste, par suite des efforts inouïs qu'il a dû faire pour chanter nos opéras modernes, opéras écrits dans de si hautes tonalités, est la justification la plus sensible, la plus irréfragable et la plus péremptoire de ce que contient cette méthode, touchant l'attaque et la conduite des sons.

CHAPITRE XIV.

CONSIDÉRATION SUR LA SYMPATHIE DE LA VOIX OU DU SON, ET DES MOYENS DE L'ACQUÉRIR.

La qualité la plus importante et la plus indispensable, celle sans laquelle il est impossible d'être un grand artiste dans la véritable acception du mot, celle qui, abstraction faite de la beauté de la musique, exerce seule une impression profonde sur les esprits et les cœurs, c'est la sympathie de la voix ou du son.

On peut être excellent musicien; chanter parfaitement juste et parfaitement en mesure; satisfaire même en quelque sorte son auditoire, ainsi que cela se voit assez communément. Mais entre cette satisfaction que l'on pourrait appeler vulgaire, et la puissance dominatrice de celui qui commande aux sentiments, de celui qui fait alternativement passer ses auditeurs du calme à l'effroi, de l'effroi à la terreur, de la terreur aux larmes, et des larmes au plaisir, il y a toute la différence qui existe entre un amateur vulgaire et un grand artiste, et dans une autre catégorie de faits, entre un versificateur et un poëte.

L'art du chant, au point de vue de cette méthode, ou pour mieux dire, au point de vùe de ce qu'il doit être, n'est point du nombre de ceux quc l'on acqûiert promptement. Il nécessite au contraire de grandes études, non-seulement sous le rapport de la musique, mais encore sous le rapport de toutes les connaissances qui constituent ce qu'on appelle une bonne instruction. Et, en effet, s'il est vrai que pour exercer cet art si éminemment distingué, il faut un grand et judicieux talent d'observation, comment posséderait-on ce talent sans instruction ? Comment chercher, saisir et surtout reproduire les types si différents de la société dans toutes les professions, et les reproduire, non-seulement comme on les voit tous les jours, mais encore comme ils pourraient être, c'est-à-dire dans toutes les beautés idéalisées des différents genres?

Cela est intellectuellement et physiquement impossible.

Cependant que se passe-t-il? Quelles sont les personnes que l'on voit le plus particulièrement s'adonner à l'art du chant? Ce sont presque toujours des jeunes gens exerçant des professions manuelles. Des commis, des horlogers, des mécaniciens, des ébénistes, des bouchers : puis, des modistes, des couturières, des brunisseuses, des demoiselles de comptoir, de magasin, de boutiques, etc. Beaucoup de ces personnes pourraient sans doute se rendre capables, habiles même, si elles avaient le courage de travailler avec une opiniâtreté constante; mais il n'en est malheureusement pas ainsi. On a pu voir très-souvent, au contraire, que dès qu'un ouvrier a pris la résolution d'abandonner son état, pour se mêler de chanter, il ne met guère que six mois pour passer complètement de l'une à l'autre profession; temps pendant lequel il prélève, chaque jour, deux ou trois heures sur ses travaux pour se livrer à l'étude du solfège et du chant; quand, toutefois, il ne fait pas prendre au chant le pas sur le solfège, ce qui arrive assez communément.

Ces six mois sont-ils suffisants pour acquérir quelque mérite? Assurément non. On est à peine un peu musicien dans ce court espace de temps; et, pour être un bon artiste en ce genre, il faut d'abord commencer par n'ignorer aucune difficulté musicale ; car il est impossible d'être jamais un artiste distingué, tant que, par le manque de savoir, on est sans cesse obligé, en chantant, d'être ce qu'on appelle accroché à l'intonation et à la mesure. Ces considérations dépendent essentiellement de ce chapitre, en ce que les causes dont je viens de parler exercent toutes une influence très-fâcheuse sur la qualité des sons, et qu'elles sont, avec la vulgarité de la voix et des manières, les causes les plus ordinaires de la médiocrité du talent de quelques-uns, et de l'insuccès affligeant et cependant invariable de beaucoup d'autres.

Je dis avec la vulgarité de la voix et des manières, parce qu'il est généralement reconnu qu'à quelques exceptions près, la voix et les gestes sont, pour ainsi dire, toujours en rapport avec les habitudes premières de l'éducation.

Maintenant, qu'est-ce que la sympathie du son?

Les sympathies que les sons éveillent sont l'effet naturel d'une harmonie savamment calculée, qui fait parler à chaque passion son langage. Dans ce cas, l'expansion des organes vocaux se mesure toujours à la nature et à la force de cette passion, soit qu'elle éveille au plus haut degré les forces de la vie et de l'âme, soit, au contraire, qu'elle les déprime et les anéantisse.

La spontanéité qu'amène un commencement d'ivresse crée souvent, à travers les intonations les plus dissonnantes, des sons sympathiques d'une beauté vraiment admirable! et, chose remarquable, ces sons se produisent aussi bien dans la colère que dans la joie. L'antipathie, au contraire, naît d'un défaut d'harmonie entre ces choses; mais elle peut être aussi l'effet de l'incapacité où le chanteur se trouve de modifier sa voix, au gré de tous les mouvements de la pensée et des passions qu'il exprime; incapacité funeste qu'amènent à la fois l'absence réelle du sentiment artistique et l'altération des organes vocaux. Or, je ne puis dire ici toutes les causes auxquelles cette altération peut être rapportée; mais quelques-unes ont leur racine dans les habitudes de la première enfance; à cette époque de débauche organique où les enfants sans règle et sans frein, pendant les récréations, poussent souvent des cris tellement aigus et tellement discordants qu'ils en sont par fois tout violacés.

Cette remarque, que tout le monde peut faire corrobore encore une fois de plus ce que je dis au chapitre poumons, et à l'attaque dite *poussée;* car on sait aussi que, dans ce cas, les enfants se penchent tout à fait en avant.

Ces raisons, résultant d'une harmonie plus ou moins parfaite entre l'intention de l'acteur et les expressions qu'il trouve, expliquent les appréciations si différentes qu'on entend faire quelquefois d'un artiste. Celui-ci dit que tel jour il a été d'une beauté surprenante, extraordinaire! celui-là, au contraire, qu'il ne lui a jamais reconnu le moindre talent, malgré la meilleure volonté de lui en trouver.

Quelle est la cause de ces jugements si opposés et pourtant si vrais? Elle est tout entière dans l'incapacité de celui qui en est l'objet. Celui qui n'a que la spontanéité de la nature n'est point un véritable artiste; l'instinct, plutôt que la science, le dirige. Un homme qui sent la dignité de son art ne s'exposera point à une chute inévitable, lorsque, préoccupé de chagrins ou de passions étrangères, il ne peut se donner tout entier à l'objet qu'il se propose; souvent alors, en effet, les expressions les plus opposées se mêlent sur sa physionomie, ses gestes et sa voix sont forcés, et son jeu est plein de contractions.

Ces contractions, il faut bien s'en convaincre, influent singulièrement sur les sons; on pourrait les qualifier de sons malades; car, la plupart du temps, on éprouve une peine excessivement douloureuse à les émettre et à les entendre.

On comprendra, sans difficultés, qu'un artiste de ce genre ne fera que très-rarement un véritable plaisir, par la raison toute simple qu'on n'est presque jamais à l'abri des contrariétés.

Mais, pour l'artiste qui possède son art comme le possédait feu l'illustre Nourri, il n'en est pas de même; il nous oblige, pour ainsi dire malgré nous, à l'écouter; il s'empare insensiblement de toutes nos facultés; nous sentons en nous un bien-être, une joie indicible ou comparable seulement à la félicité qu'on éprouve à l'approche des grandes actions de la vie, lorsqu'on les croit heureuses; alors que la trop grande somme de bonheur nous porte à aimer et à vouloir embrasser tout le monde sans exception (1).

(1) C'est ainsi dit Engel que l'amour satisfait et heureux, se répand en actes de bienfaisance et en caresses. Minna dans la comédie de Lessing, espérant de revoir son amant, fait en attendant des présents à sa suivante. L'indien de Cumberland aprés avoir obtenu la main de sa chere Dudley,

C'est ce qui explique l'enthousiasme du public pour les artistes de ce mérite, et par certaines affinités sans doute, l'exaltation incroyable de quelques personnes, parmi lesquelles on en voit qui, privées de fortune, vont très-souvent jusqu'à se refuser le stricte nécessaire pour aller admirer et applaudir l'artiste qu'ils aiment, qui sait les remuer; qui, par son art, les rend chaque jour meilleurs; qui adoucit insensiblement leurs mœurs en attendrissant leur cœur; qui leur fait respecter la société et les lois qui la régissent, par l'apprentissage des sentiments honnêtes qu'ils font à son école, bien plus que ne pourraient le faire toutes les instructions des maîtres de morale; l'artiste qui les transforme ainsi à leur insu; qui les régénère et qui, par cela, en fait des citoyens utiles et respectables en tout et partout.

On voit, d'après cette espèce de parallèle, toute la différence qui résulte des qualités sympathiques de la voix.

Eh bien! si cette qualité a, en effet, sa source dans le contentement, la satisfaction, dans les émotions que l'on ressent en soi, il n'est rien de plus simple que d'y suppléer par l'art, et d'en acquérir instantanément le principe.

Ce principe, en ce qui touche les sentiments agréables, veut : 1° qu'on dilate tout l'appareil buccal, ou, en d'autres termes, qu'on se place dans la situation d'une personne qui rit, ou au moins qui est dans la disposition qui précède immédiatement le rire. Il est sous-

embrasse toute la compagnie. Et l'amour aussi impétueux que la colère, entraîne dans son tourbillon tout ce qui l'approche (*Engel, lettres sur le geste et l'action théâtrale, lettre* 18).

entendu que nous ne parlons ici que du rire franc, libre, dégagé de toute préoccupation étrangère.

2° En ce qui touche les sentiments douloureux, qu'on se place dans la situation toute contraire de la précédente, c'est-à-dire que l'on contracte fortement et simultanément le larynx et la bouche, et qu'on ait l'attitude que l'on prend involontairement à la vue d'une grande catastrophe, ou d'une blessure grave qui frappe notre imagination et qui nous fait porter la main, sans y penser, à la partie correspondante à celle que nous voyons affectée dans autrui.

Or, comme il est de notoriété que ces accidents (car le rire et la grande tristesse ne sont, comme on le sait, que des accidents) sont considérés comme faisant partie des choses contagieuses, il est indubitable qu'en les produisant selon le besoin ou la volonté, en les rendant facultatifs enfin, il est indubitable, dis-je, qu'on ne manquera pas de faire un plaisir très-sensible, même à un auditoire mal disposé.

Ces principes reconnus et acquis, il faudra s'occuper activement des modifications. Ces modifications sont nombreuses et difficiles, il faut l'avouer ; car, outre celles qui s'appliquent spécialement et exclusivement aux différents types, que l'on peut être appelé à représenter, il y a encore les modifications diverses du genre, subordonnées elles-mêmes à plusieurs considérations, c'est-à-dire à l'âge, à la situation, aux lieux, etc. A part les choses purement élémentaires, tout le talent de l'artiste est défini dans ce peu de mots. Et ce n'est qu'à ces conditions expresses que l'on pourra prétendre exercer sur les masses ce pouvoir immense et imprescriptible dont je parle, relativement à l'artiste qui possède son art.

On en peut avoir la preuve dans le monde, où l'on rencontre de loin en loin quelques voix ayant cette qualité, sans que, pour cela, elles excitent l'enthousiame décrit.

Cela m'amène naturellement à dire, qu'il y a des personnes qui jouissent du rare privilége d'avoir la voix plus ou moins sympathique, sans avoir jamais fait aucun exercice refléchi pour l'obtenir; mais, dans ce cas, cette qualité est presque toujours très-limitée en étendue, c'est-à-dire qu'elle ne va guère au-delà de deux notes, et ne produit que le minimum d'effet dont elle est susceptible.

Ces notes varient :

1°. Selon le sexe ;

2°. Selon la qualité de la voix ;

3°. Selon l'état des personnes;

4°. Selon le ton sur lequel elles ont l'habitude de parler.

D'où il résulte, par exemple, qu'une personne ayant la voix sympathique, sur le ton de la conversation, peut fort bien ne pas l'avoir de même en chantant. Et on ne sera nullement surpris de ce que j'avance ici, si l'on a bien retenu, au chapitre VIII, ce qui est prescrit pour la recherche et la détermination de la note typique.

CHAPITRE XV.

DE LA RITOURNELLE.

Toutes les fois qu'un artiste se propose de chanter un morceau, il doit d'abord l'exeminer scrupuleusement, avant de commencer, afin de s'assurer s'il y a concomitance ou unité parfaite entre les paroles et la musique; et si cette unité existe, il doit s'attacher à découvrir le sentiment dominant du morceau et prendre immédiatement l'attitude qu'il exige.

Si, au contraire, il croit s'apercevoir que cette unité n'existe pas, il doit, dans l'intérêt de sa réputation, ou ne pas chanter le morceau, ou suppléer par l'art à tout ce qui peut y manquer.

Mais, ces substitions, bien qu'elles ne soient que dans l'expression extérieure, ne doivent se faire qu'avec beaucoup de réserve, et avec un talent tel, que les auteurs, surtout le compositeur, non-seulement n'aient pas à se plaindre, mais n'aient qu'à se louer hautement du savant concours de l'artiste.

Ceci se fait peu, on est forcé de l'avouer, car beaucoup d'artistes, et plus encore les personnes du monde, loin de substituer, avec avantage, leurs propres pensées à celles des auteurs, dans ces derniers cas, dénaturent souvent les morceaux les mieux conçus et les mieux écrits, soit, je le repète encore, par insuffisance de talent, soit par incapacité physique.

On peut dire, qu'en général, les artistes ne se préoccupent guère des sentiments que les auteurs ont voulu exprimer, dans leurs œuvres. A les voir, on dirait, en vérité, que tout leur talent se réduit à prononcer des mots en public, et à donner les sons exactement justes des notes, dont chacun de ces mots est surmonté. La physionomie des uns est presque toujours impassible, et celle des autres n'engendre que des grimaces, des contorsions complètement étrangères à leur déclamation.

Ce n'est pas ainsi que l'on doit procéder.

Dès que les premières notes d'un morceau se font entendre, c'est-à-dire aussitôt que l'orchestre ou l'accompagnateur commence à jouer la ritournelle, la physionomie de l'artiste doit exprimer le caractère du morceau dont il se fait l'interprète ; et il doit l'exprimer d'une façon telle, que les spectateurs puissent dire sans peine, par cette espèce d'initiation mimique : nous allons entendre quelque chose de gai ou de triste.

Ils se trouvent, par cela même, tout à fait prédisposés à recevoir les impressions auxquelles ils s'attendent, et il en résulte un avantage immense, que tout le monde comprendra suffisamment.

L'application de ces regles n'est pas aussi difficile qu'on pourrait le craindre au premier abord. Et, en effet, comme cela est constaté par les physiologistes, et comme je le rapporte au chapitre précédent, les gestes et la voix sont presque toujours en rapport avec les habitudes premières de l'éducation. Or, on sait que cette éducation est de trois genres primitifs. En partant de ces trois points, et en n'examinant les personnes que sous le rapport sensitif, on trouvera :

Que les habitants des villes et surtout des campagnes, dont l'éducation est, pour ainsi dire nulle, font communément leurs gestes, soit avec tout le corps, soit avec l'une ou l'autre épaule, soit en élevant un bras dans toute sa longueur, souvent accompagné d'un mouvement de l'une ou l'autre jambe.

Les premières modifications que ces personnes apportent, dans leurs gestes, se manifestent par des mouvements des coudes.

Les personnes qui tiennent le milieu entre celles-ci, et ce qu'on appelle la bonne société, font leurs gestes avec les poignets et la tête. Quand elles parlent, elles s'agitent sans mesure; les mouvements sont subordonnés à l'importance des objets et, leur force, aux impressions qu'elles ressentent. Dans cette catégorie, il y a, en général, une très-grande surabondance de gestes.

Chez les personnes du monde, c'est tout différend; on ne voit jamais aucun des gestes lourds et vulgaires, décrits ci-dessus. Autant la main paraît inanimée dans les deux classes qui précèdent, autant elle est pleine de vie dans celle-ci, par l'écartement presque continuel du carpe, ou autrement dit du pouce, et la souplesse extrême de toutes les phalanges.

La tête est aisée, et la physionomie tellement expressive, par sa fine mobilité, que la parole n'est, dans bien des cas, qu'un simple complément de l'expression mimique.

Si nous n'envisageons ici les classes qu'au point de vue du geste, c'est parce qu'il est le langage universel de tous les peuples. C'est parce que ce langage, depuis le berceau ou il est d'abord, le seul et le plus vrai, précède presque toujours le langage articulé.

Pour peu, donc, qu'un artiste procède par voie d'analyse, dans l'observation des choses extérieures, et qu'il s'observe surtout soi-même, en toute chose, il ne tardera pas à saisir facilement toutes les variations, toutes les nuances qui s'offriront à sa vue, et à en faire une juste application dans l'exercice de son art.

Il saura bien vite aussi, par exemple, que les grands sentiments, c'est-à-dire ceux qui se rêvèlent par un seul geste, ou un seul cri spontané, se traduisent exactement de même par tout le monde, et que, dans ce cas aussi, il n'y a pas la moindre différence entre la classe la plus éclairée et la plus ignorante de toutes.

Je terminerai, en recommandant de ne jamais se laisser arrêter, pendant l'étude des sujets que l'on se propose, par la crainte de l'exagération ou du ridicule. Je déclare formellement, que celui qui craint de faire rire de soi, de ses maladresses; qui n'a pas le grand courage d'être, ce qu'on appelle franchement mauvais, insupportable même, hésitera sans cesse, ne se connaîtra jamais, lui-même, dans ses qualités et dans ses défauts et, par conséquent, ne sera et ne pourra jamais être un artiste éminent.

A ces conseils, que nous donnons aux artistes, nous en ajouterons quelques autres, qui sont plus particulièrement relatifs à l'hygiène de leur profession. C'est ainsi qu'ils devront éviter la trop grande action du feu, qui altère, à la longue, profondément la voix ; et à cause de cela, ils devront ne jamais trop chauffer leur appartement et proscrire l'emploi des poëles et des calorifères. Ils éviteront aussi de s'entourer de fleurs très-odorantes; car les odeurs ont, sur le système nerveux, une influence stupéfiante, et la voix en est toujours plus ou moins altérée.

Ils s'abstiendront de fredonner dans les rues, surtout en marchant à l'opposite du vent. Leurs appartements devront être élevés, en telle sorte que la voix puisse s'y développer sans obstacle.

Enfin, ils apporteront une grande attention à ne jamais se livrer à aucun exercice de chant, sans avoir pris un peu de nourriture. Le travail que l'on fait à jeun est complètement nuisible à la voix. Les aliments légers et nutritifs sont ceux qui conviennent plus particulièrement.

Les heures les plus favorables, pour chanter, sont celles qui suivent les repas. On est alors dans les meilleures dispositions pour étudier longtemps, sans efforts et sans fatigue.

Je regrette beaucoup de ne pouvoir donner toute l'étendue que mérite un tel ouvrage, cependant je crois en dire assez pour faire comprendre la nécessité absolue de l'étude, si l'on veut se distinguer de la foule, et jouir d'une considération méritée de la part du public.

Paris, 1851.

Imprimerie PILLOY frères et Ce, boulevard Pigale. 50.

www.ingramcontent.com/pod-product-compliance
Ingram Content Group UK Ltd.
Pitfield, Milton Keynes, MK11 3LW, UK
UKHW022130170726
13837UKWH00003B/1468